Buch

Marianne Rogée hat ihr Faible für Katzen in den Dienst einer guten Sache gestellt und ein Katzenbuch gestaltet. Ob in sanften Strichen, witzigen Cartoons oder in Worten, über zweihundert prominente Zeitgenossen sprach sie an und erhielt Beiträge von Kevin Costner, Alain Delon, Peter Gaymann, Elke Heidenreich, Janosch, Roger Moore, Sir Peter Ustinov und von ihrem Patenkind aus Tanzania, um nur einige zu nennen.

Dieses Buch bietet eine schöne Gelegenheit, zu helfen und zugleich Freude zu bereiten.

Autorin

Die Schauspielerin Marianne Rogée ist einem großen Publikum als »Isolde Pavarotti« aus der Fernsehserie »Lindenstraße« bekannt. Sie arbeitet außerdem bei vielen Sendern als Sprecherin in Hörspielen und Interpretin literarischer Texte. Sie spielt Theater, macht Buchlesungen, gibt Chansonabende. Neben ihrem Engagement für UNICEF ist sie für andere soziale und politische Einrichtungen tätig.

Dieses Buch schenkt Marianne Rogée UNICEF, also Kindern.

Marianne Rogée (Hrsg.)

Katzen
für unicef

Zeichnungen und Texte
Prominenter

Mosaik bei
GOLDMANN

Umwelthinweis:
Alle bedruckten Materialien dieses Taschenbuches
sind chlorfrei und umweltschonend.

1. Auflage
Originalausgabe November 2004

Umschlaggestaltung: Design Team München
Umschlagillustration: Sir Peter Ustinov
Repro und Satz: Lorenz & Zeller, Inning a. Ammersee
Druck: GGP Media GmbH, Pößneck
Verlagsnummer: 16696
Kö · Herstellung: Max Widmaier
Printed in Germany
ISBN 3-442-16696-9
www.goldmann-verlag.de

Vorwort

Als Schauspielschülerin half ich gelegentlich Malern in einer Galerie und erbat mir zur Belohnung Katzenzeichnungen in ein Büchlein, das irgendwann verschwand.

Anlässlich einer Vernissage erinnerte ich mich dessen und mir kam die Idee, wieder mit einer Katzensammlung zu beginnen und sie Kindern zu schenken. Das lag nahe, da ich mich seit 1985 für UNICEF einsetze.

Mein Blick für so genannte »Promis« veränderte sich: In jedem sah ich erstmal einen potentiellen Katzenmaler. Aber auch als ich in »Die Woche« las, dass es einen New Yorker CATS-Fan gibt, der das Musical 703mal gesehen hatte und seine Lieblinge auch zeichnete, beschloss ich, dass er unbedingt dazu gehören musste. Mit Hilfe eines liebenswürdigen Postboten, der Hector Montalvo in der 57th Street ausfindig machte, bekam ich wunderschöne Zeichnungen.

Es war ein spannendes Sammeln, Menschen, Orte und Anlässe waren so verschieden wie die Art der Begegnungen. Da ich durch den »guten Zweck« geschützt war, bin ich einfach auf Leute zugegangen, selbst vier Bodyguards um Kevin Costner waren für mich kein Hindernis.

Es entstanden auch Freundschaften.

Danke an alle, die geholfen haben, die Idee zu verwirklichen. Mein besonderer Dank gilt Elke Haake-Meyer (WDR-Maskenbildnerin), die mir bei der »Jagd« sehr geholfen hat.

Marianne Rogée

Claudia Ackermann

Ich bin ein
alter Kater

Mario Adorf

Götz Alsmann

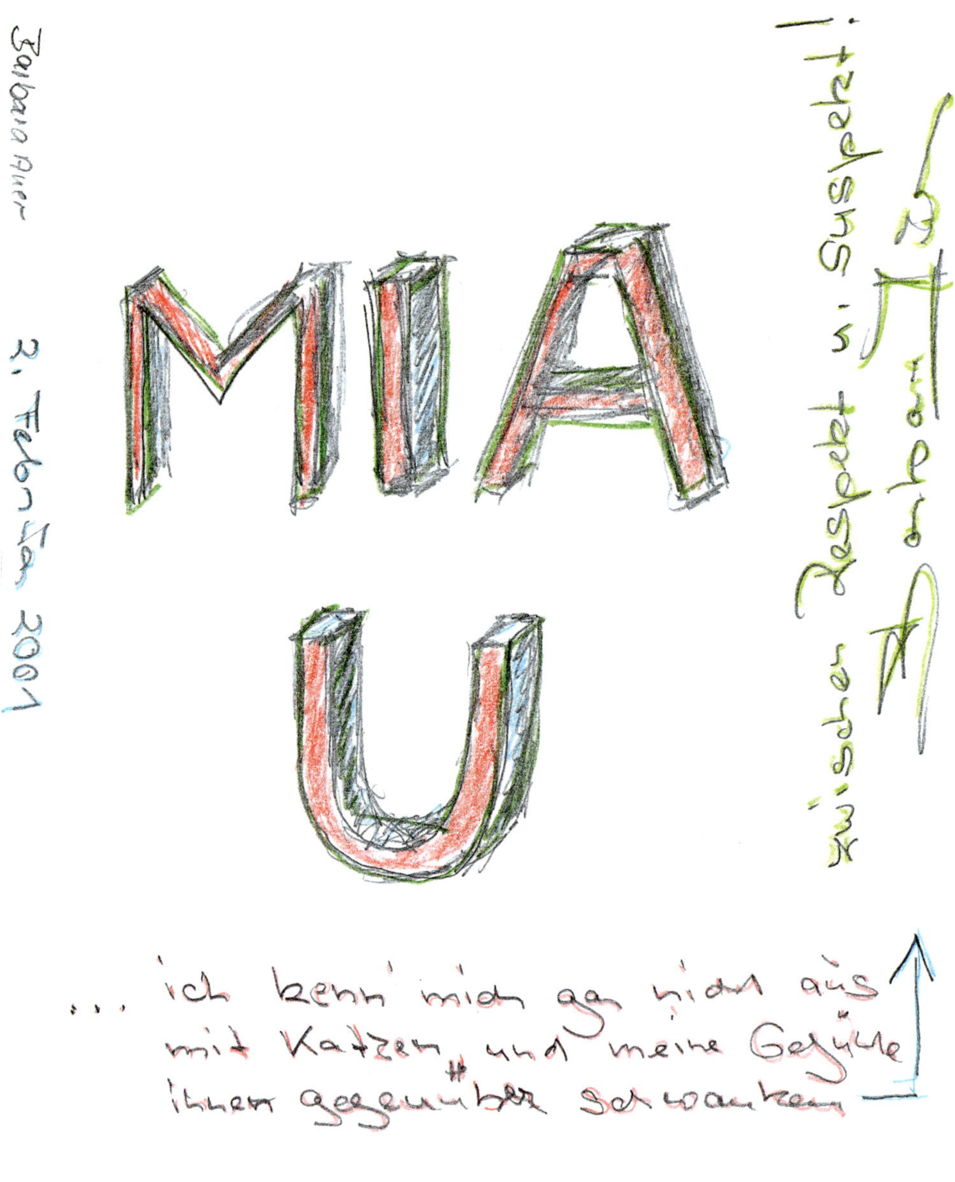

Barbara Auer

Karin Baal

Liz Baffoe

Tony Baffoe

Hugo Egon Balder

Martin Baltscheit

Richard Bargel

Cecilia Bartoli

Werner Bauer

„JAGDKATZE“

Herzlichst
Chariklia Baxevanos

Chariklia Baxevanos

the poorest cat
under the sun!!
WAU ?
HASSO!
Bela B. "GesamtKünstler"
2000 im November !

Bela B.

Franziska Becker

Meret Becker

Konrad Beikircher

Jörg Berger

Fred Bertelmann

Die Katze hat 'nen Kater

Hans Bierbrauer

Mit Katzen hab ich
nix am Hut....
Aber ein leichter
Kater darf schon
mal sein....

Alfred Biolek

Bio

Alfred Biolek

Roberto Blanco

Jo Bolling

Suzanne von Borsody

Hundetraum

Bettina Böttinger

Bettina Böttinger

Der Kater sich ins Kissen mümmelt,
der Kölsche an der Theke klüngelt,
haben sie doch eins gemein -
sie lieben Köln am schönen Rhein!

Dr. h.c. Norbert Burger
Oberbürgermeister der Stadt Köln

Norbert Burger

Volker Brandt

Michael Carleton

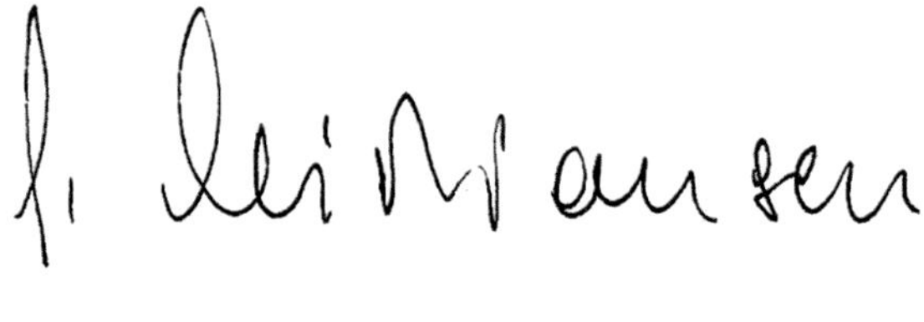

Sabine Christiansen

Hans Clarin

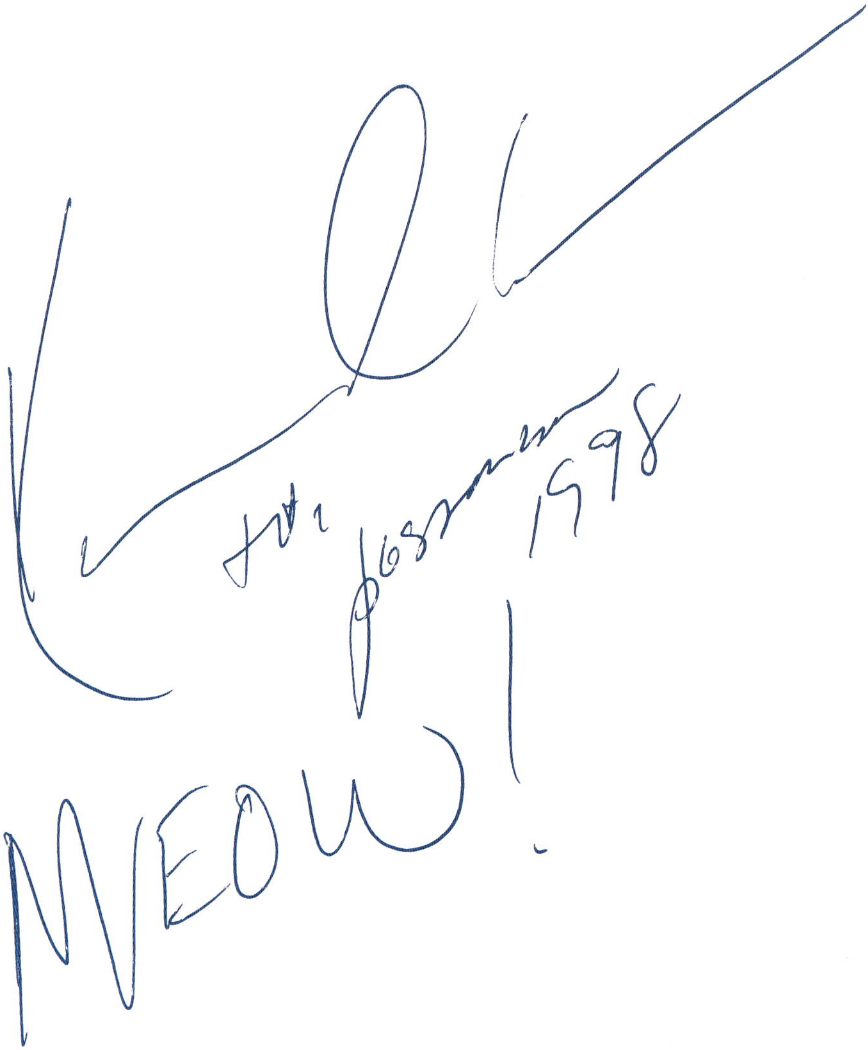

Kevin Costner

Karl Dall

J'aime les chats. Car je suis un félin !

Alain Delon

Karin Dor

Doris Dörrie

KAI EBEL
KATZENHAI:
LÄNGE: 0,60 CM
VORKOMMEN: IN JEDER GUTEN FISCHSUPPE

Kai Ebel

Karin Eickelbaum

Meine Katze hieß „Mucki". Sie liebte uns und wir liebten sie.

Viele Menschen lieben Katzen.
Mögen diese Menschen doch auch einander lieben.

Ihre Katze
Ruth Elias

Ruth Elias

Katze vor Fenster als gerade ein Dackel vorbeigeht

Frank Elstner

Frank Elstner

Margot Eskens

„SOMMERABEND"
HELOU
Vladimir
PRAG
1. IX. 2000.

Vladimir Erlebach

Vladimir Erlebach

Jan Fedder

Verona Feldbusch

Birgit Fellermann

Rosemarie Fendel

Heino Ferch

Heino Ferch

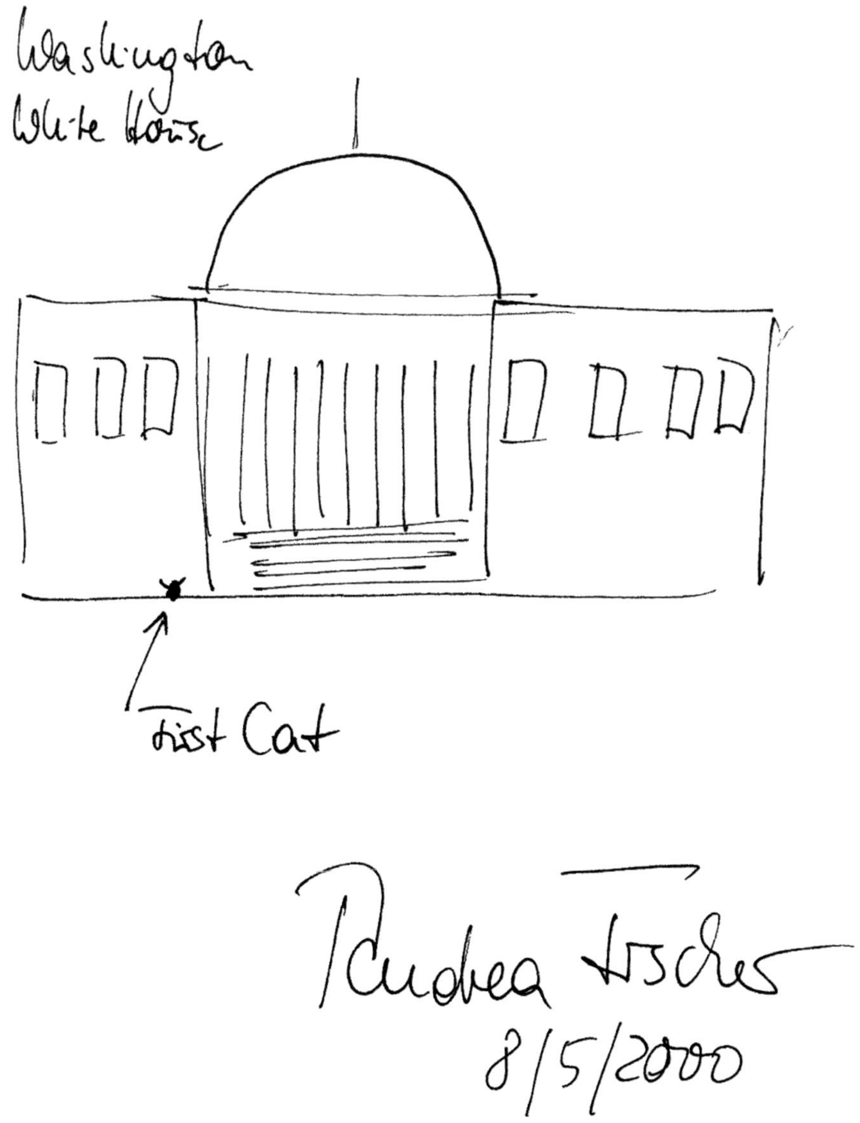

Andrea Fischer

Gotthilf Fischer

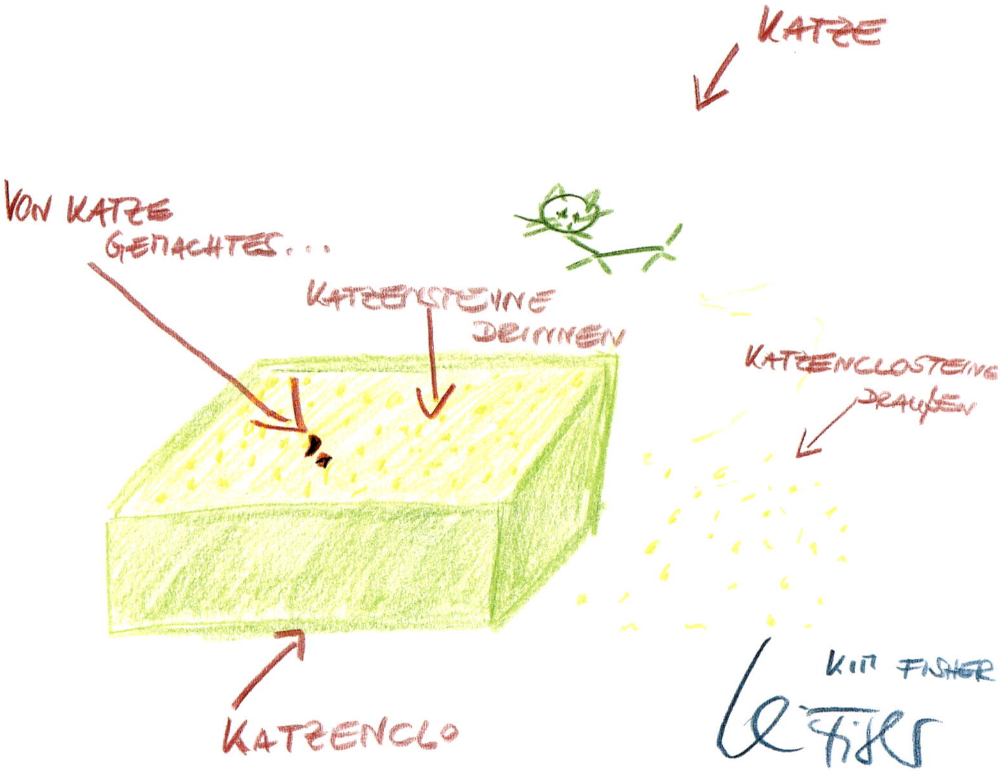
KATZE
VON KATZE GEMACHTES...
KATZENSTEINE DRINNEN
KATZENCLOSTEINE DRAUßEN
KATZENCLO
KIM FISHER

Kim Fischer

Ottfried Fischer

Pit Fischer

Saskia Fischer

Jürgen Fliege

Justus Frantz

Steffen Freund

Loni von Friedl

Hanns Friedrichs

Mein Kater heißt Mowgly. Er ist das schönste Tier der Welt. Wenn ich ihn jetzt malen würde, wäre er bestimmt beleidigt. Also mache ich das besser nicht!! Stattdessen:

... jetzt lasse ich mich eingeschleimt & werde zur Belohnung 1 Woche nicht gekratzt..

Annette Frier

Peter Gaymann

Peter Gaymann

Oliver Geissen

Hans W. Geißendörfer

Wie male ich jetzt eine Katze?!
Computer müßte man haben
Iska Geri

Iska Geri

Iska Geri

ICH BIN DER CHEF!!

(meine Erfahrung
mit meinen Katzen
...... USCHI GLAS
14/02/01

Uschi Glas

Rodrigo Gonzáles

Günter Grass

Gotthard Graubner

Das soll "Einstein" sein,
mein schlauer Kater,
der die ersten
Lebenswochen
in der Mülltonne
überlebte!

1.9.2001

Alida Gundlach

Leider kann ich keine Katze zeichnen, weil ich erstens nicht malen kann und weil ich zweitens als Kind nur Hunde hatte, keine Katzen.

Dem Buch wünsche ich dennoch vollen Erfolg!

Gregor Gysi

31. 8. 2001

Gregor Gysi

Ludwig Haas

Ich sage Ihnen:

„Katzen würden
Whisky saufen!“

Dieter Hallervorden.

18.XI.94

Dieter Hallervorden

Akram Abu Hamdan

Auf den folgenden Seiten hat Raimund Harmstorf Figuren aus dem Theaterstück »Ausgerechnet Hamlet« in Katzen »verwandelt«. Der Kater mit den starken Oberarmen ist Karsten Speck, die rosafarbene Katze Jenny Jürgens, Marianne Rogée hat rote Haare und René Heinersdorff ist der etwas schmalere Kater. Mit diesem Stück haben wir das Theater an der Kö in Düsseldorf eröffnet und monatelang in Köln und München gespielt. Es war Raimunds letzter Auftritt.

Raimund Harmstorf

MENS SANA IN CORPORE SANO
GRÜNDGENS
Theater
AUSGERECHNET
DRAMOMLET
(MIT EI ODER
HAMLET
gekürzte Fassung: PERSONALITYSHOW ODER SCHAUSPIELER
HERBST 94
Long John Barrymore
ANDY RANDY:
LILIAN: Marianne Rogée
DEIDRE: Jenny Jürgens
CARY: René Heinersdorff

NZ
R.H + Robby. H.
anderKö
FÜR DIE KATZ!
SEIN ODER NICHTSEIN
OHNE FLACHMANN
OHNE SAHNE MIT SPECK
HEILIGENSCHEIN
Hallo Knattermaus Alles durchschauspielert Wozu ein Trikot? To be or not To be mit Freikörperkultur oder Kunst! That's
ACH DA IST DA MEINE KOSMISCHE ERLÖSUNG? FÄNGT MAN NUN MÄUSE ODER FRAUEN im THEATER mit SPECK(!)? THAT'S THE QUESTION
ICH DU WIR
IST KEINE FRAGE, DENN, IN EINEM GESUNDEN FELL STECKT EINE GESUNDE KATZE

OMLET 2 TEIL 2 Szene: DIE LAUF-KATZEN
WIR HATTEN CHAMPAGNER GEMOPST OHNE MÄUSE
MEINE KEINE OHREN RINGE?
MEIN HAMLET UND MISTBOCK ER HAT MICH NUN JA END. DAS 1. MAL.
WO SIND DIE PAP NASEN
ANDY DU BIST MEIN GOLDJUNGE MEIN PICASSO KOMMST DU?!
Ach, A Shake-speare Freibie oder Freifrau
KANN MAN EINSAMKEIT BRAUCHEN?
ICH MUSS.— WAS TRINKEN
ICH, ICH ALS HAMLET BIN SCHON DA GEWESEN
WO IST DAS KATZEN KLO von Helge
SCHEIN
HEILIGENSCHEIN
HAT ETWA LILIAN UND DEIORE SCHLE ÜBER mich GEREDET SUHÜPER KRÄFTE. WO? BITT
Raimund
DAS LEBEN IST WIE EINE PRALINENSCHACHTEL:

NUMMER: OH, KOMMST DU, LIEBLING.

WO IST DAS JAMMERKATZEN THEATER, „Hamlet FÜR JOGGER"? WIR MACHEN LIEBER SHEAKSPEARE FÜR DICKE MÄUSE UND KEINE KNIRSCH-GOLDPERLEN ODER AMÜSIEREN UNS LIEBER ZU TODE, DENN DANN KOMMT DAS 11. GEBOT. MIAU-MIAU-MIAU: DER TOD IST EINE PUSSY-CAT, AUSSER IRDISCH LEBENDIG, AUS „IHR" SOLLEN NUR KÄTZCHEN SPROSSEN.

AN WEISS NIE WAS MAN ALS NÄCHSTES BEKOMMT. R.H

Nicole Heesters

Nicole Heesters

Nicole Heesters

… und wenn eine Katze sich
wohlfühlt, kann sie ein un-
beschreibliches Geräusch in
ihrer Kehle rollen lassen –
etwas zwischen einem fernen,
leisen Gewittergrummeln,
einem kleinen Güterzug, der
weit weg in der Nacht über
eine Holzbrücke fährt und
einem Wasserkessel, der gerade
zu summen anfängt, kurz
ehe das Wasser kocht. Es ist
eines der schönsten Geräusche
auf der Welt, und man nennt
es SCHNURREN.

Elke Heidenreich

Elke Heidenreich

Katzen sind für mich höchst interessante Tiere. Sie geben gegenüber dem Menschen ihre letzte Reserve nie auf.

Sie erhalten sich diese letzte Distanz, für mich sehr bemerkenswert.

Wir Menschen könnten davon lernen.

Christiane Herzog.

Christiane Herzog

« ICH TU' SO, ALS OB ICH'S NICHT SEHE! »

Margot Hielscher

Knut Hinz

Hannelore Hoger

»Die Höhner«

Andreas Hoppe

Katzenaugen in der Dunkelheit.

Christiane Hörbiger

Christiane Hörbiger

Katze!

miau!

Guildo ♡

Guildo Horn

GUSTAV MIEZE IST DER SOLIST
IM 1. KATZENKONZERT G · SCHNURR
VON FELIX MÄUSEFANG · BARTMOLLI
NACH MOTIVEN VON KITTI KATER MURR

Dieter Höss

Katze – noch häßlich!

Maybritt Illner

Anaid Iplicjian

„Eine MeerKatze“

Katerina Jacob

Katerina Jacob

für Unicef!

Hannes Jaenicke

Der Rioja-Kater

Hannes Jaenicke

Janosch

Günther Jauch

Meine Laila
sauer wenn
Ich zu lange
weg war

Gottfried John

Gottfried John

Stefan Jürgens

Gerhard Jussenhoven

Die Renn-Katze

Walter Kafitz

Walter Kafitz

Die Nürburg-Ringkatze

Walter Kafitz

Oliver Kalkofe

Katz und Maus

Hellmuth Karasek

Hellmuth Karasek

Christine Kaufmann

Gilbert W. Kendrick

Alice Kessler

Ellen Kessler

I wont to make MOVIES in LA.
KATZEN BRAUCHEN furchtbar viel MUSIK
29.1.2001

Udo Kier

Die Katze läßt
das Mausen nicht!

Ulla Kock am Brink

Ulla Kock am Brink

...ich hatte eine weiße Decke

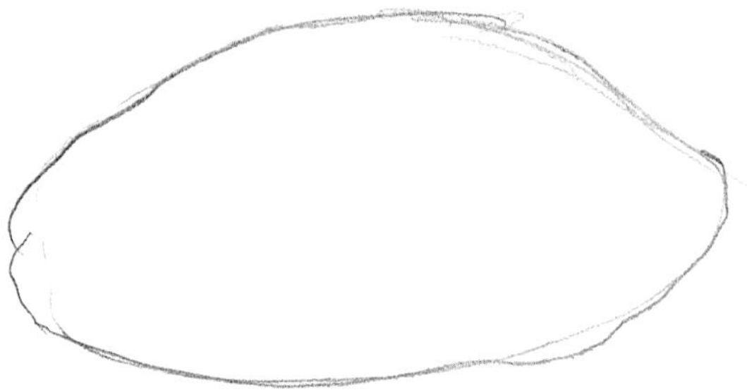

HK. 00

Harald Krassnitzer

Volker Kühn

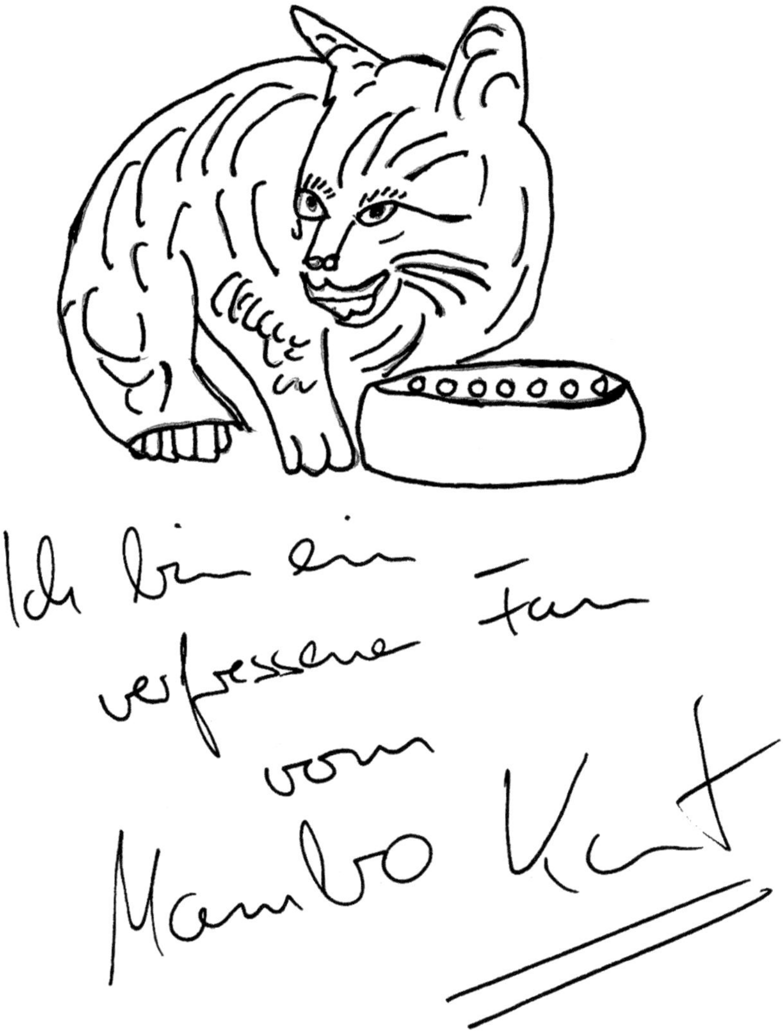

Mambo Kurt

Gudrun Landgrebe

Wenn Katzentatzen
über die Matratzen kratzen
dann könnte man
vor Glück glatt platzen

9. April 01

Volker Lechtenbrink

Michael Lesch

„Katze auf der Mauer"

Patrick Lindner

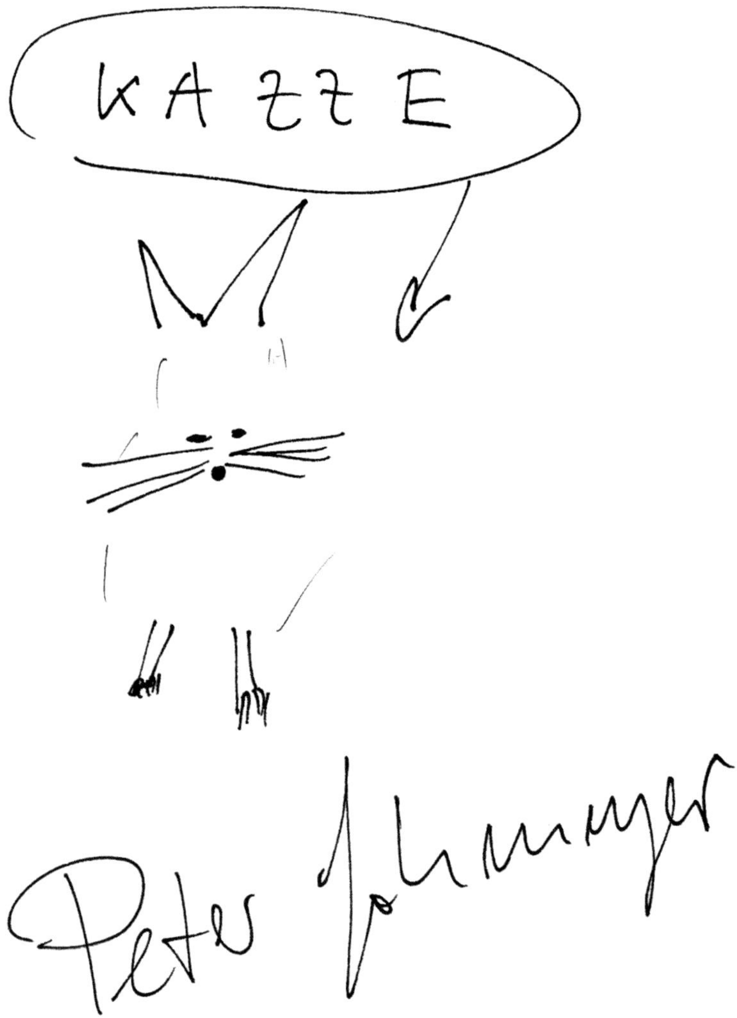

Peter Lohmeyer

Joachim Hermann Luger

Heike Makatsch

Günther Margielsky

DAS WAR DAS LETZTE MAL! NOCH EINMAL SCHUMMELN ....
DANN GEHT'S AB.... IN DEN ZOO!

Marie-Luise Marjan

Gisela Marx

Hans Meiser

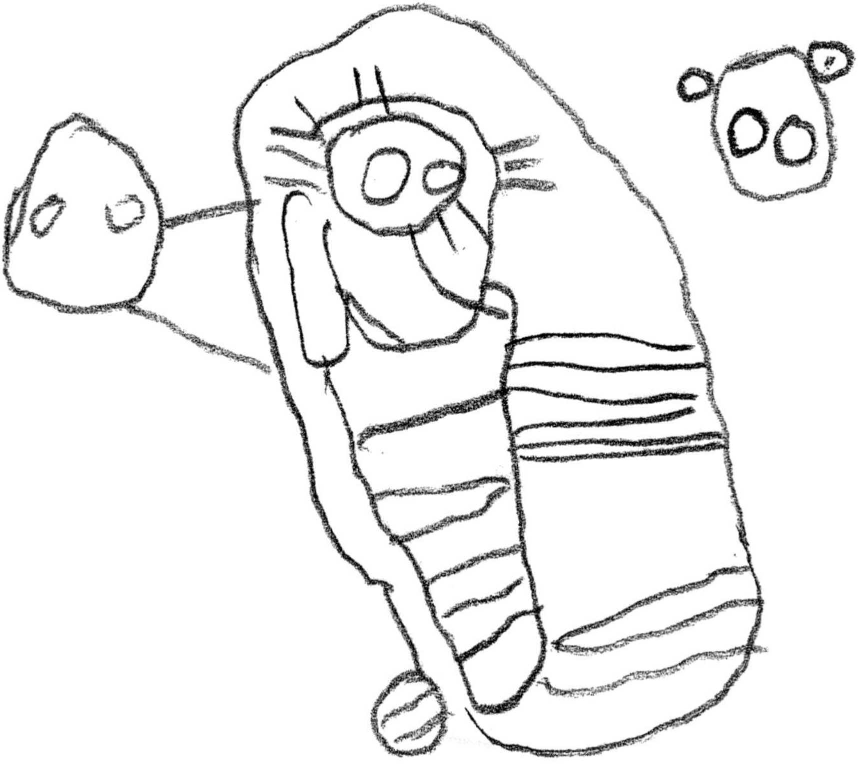

Andrea George Mgeregere

Michael Mittermeier

That's Bill
the "Stiefelkater"

Margie and Bill Mockridge

Bill Mockridge

Hector Montalvo

Hector Montalvo

Hector Montalvo

CAT MORGAN

Hector Montalvo
CATS Fan 703X

Hector Montalvo

Roger Moore

Armin Mueller-Stahl

Ralph Morgenstern

Richy Müller

Ingo Naujoks

Cem Özdemir

Bernhard Paul

Paula u. Lili La Palma

La Palma Kinder Paula und Lili

Aus vollem Herzen
von Lieben-träumende Kätzchen
An Marianne
Von Peter
mit herzlichsten Dank und viele lieben Grüßen

Peter Peltz

Nina Petri

10.04.07

Pitsche, patsche Peter, hinterm
Ofen steht er schmiert die Schuh
und schmiert die Schmier, kommt
die alte Katz daher. Frißt die
Schuh und frißt die Schmier,
frißt uns alle Teller leer.

KAI PFLAUME

Kai Pflaume

Ulli Philipp

Ludger Pistor

Walter Plathe

Fritz Pleitgen

Meine Katze
frißt die Ratze ...
nicht, sondern bringt 'se
immer wieder
immer wieder
immer wieder
und frißt 'se nich'
und schenkt 'se mir.

13.3.01

Ulrich Pleitgen

Nur hinsehen und nachahmen!
Katze als Vorbild
der Konzentration . . .
Orna Porat אורנה פורת

Sept 2001

Orna Porat

Wolf-Dieter Poschmann

Sabine Postel

Markus Maria Profitlich

Jede Katze ein Unikat!
Es lebe die Individualität
Jean Pütz
u.a. WDR Hobbythek
im April 2002

Jean Pütz

MAF Räderscheidt

MAF Räderscheidt

„Ich hätte gerne
„7 Leben" wie eine
Katze es hat.

Ihre
Dunja Rajter ♡
14. 6. 96.

Dunja Rajter

Katzen können so niedlich sein…

Annette Ramm-Stößinger

…und manchmal so nervend!

Annette Ramm-Stößinger

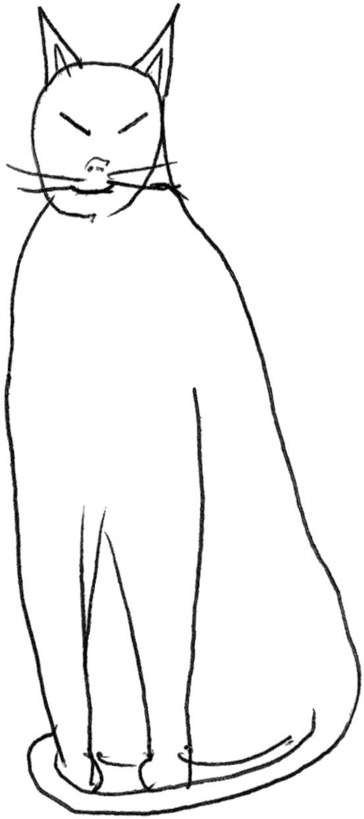

Nic Rea
The next door cat.

Lord Rea of Eskdale

Christian Reimann

Christian Reimann

James Reynolds

Ilja Richter

Rotraut Richter

Martin Rickelt

James Rizzi

Charlotte Roche

SCHNRRRRR

Alles ist Gut!

Nina Ruge

Nina Ruge

Sascha

Rolf Olaf Schabbach

Rolf Olaf Schabbach

Wastl (unsere Lieblingskatze)
bleib uns noch lange
erhalten

31.1.2001

Heinrich Schafmeister

Leider hatte ich selbst nie so eine Süße.

Aber wenn ich mal eine Oma bin und

am Kachelofen sitze,

dann habe ich bestimmt

eine Katze

– schon allein

wegen der

Enkel.

Aber bis

dahin ist es

noch gaaanz

lange.

Franziska Schenk

Franziska Schenk

Helge Schneider

Helge Schneider

Helge Schneider

Helge Schneider

Helge Schneider

? = Katze (o.k., nicht so „toll")

AXEL SCHULZ

Axel Schulz

Til Schweiger

Der Katzen-Kritiker-Papst: „Kater Skript"!

Ellen Schwiers, Mai 001

Ellen Schwiers

PINK CAT

Silvia Seidel

Hella von Sinnen und Cornelia Scheel

Andrea Spatzek

Jutta Speidel

Paul Spiegel

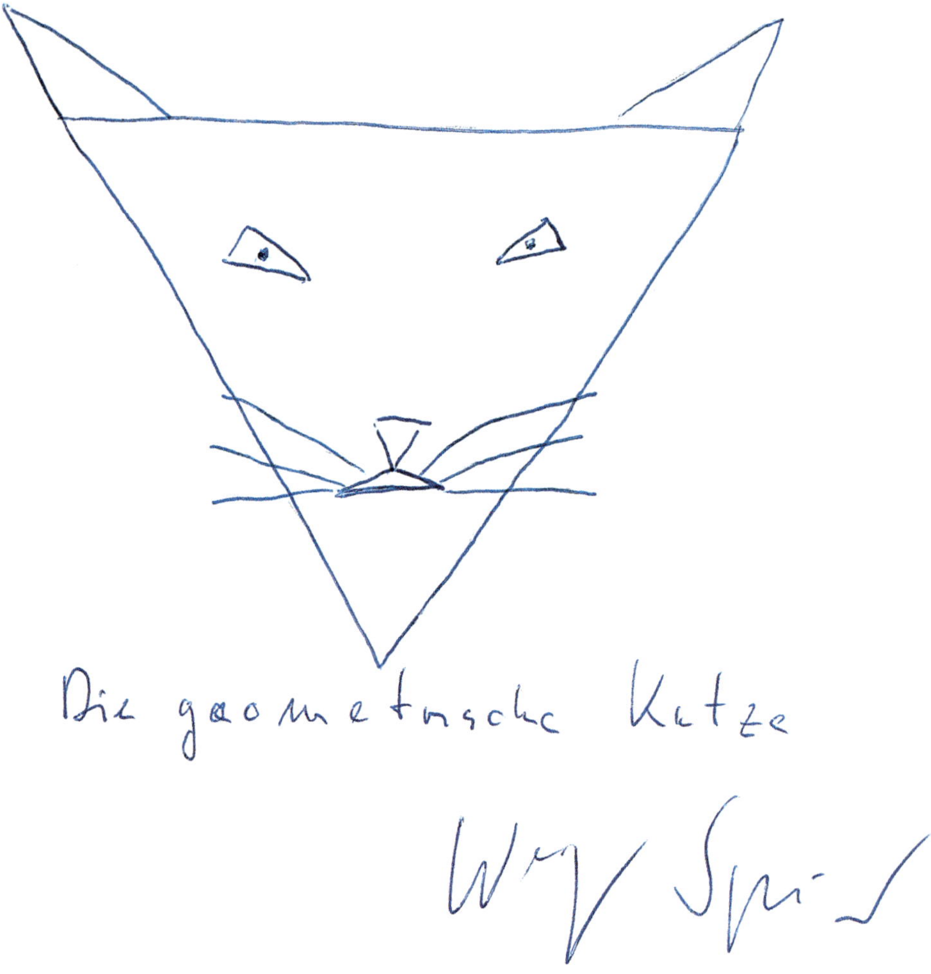

Wolfgang Spier

Klaus Staeck

Das wunderbarste, königlichste Geschöpf der Welt — eine Katze

Jasmin Tabatabai

Katharina Thalbach

Willi Thomczyk

Farin Urlaub

Sir Peter Ustinov

Ulrike Volkerts

Wolfganz Völz

Otto Waalkes

Otto Waalkes

Ursula Wandel

Ursula Wandel

Eleonore Weisgerber

9. II. 03

Die Katzen liebe ich, denn
sie sind lieb und zärtlich

Annemarie Wendl

Annemarie Wendl

Dies soll meine Katze „Mischi" sein!

Mit lieben Grüssen an alle „Katzen und Kater"

Ilse Werner

2001

Ilse Werner

Christine Westermann

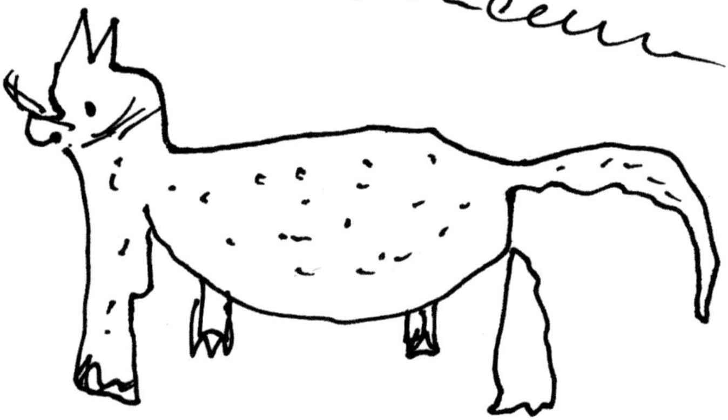

Christines

Lieblingskatze

von Oktober 58

Christine W.

Christine Westermann

Ulrich Wickert

Ich liebe Katzen zu sehr,
so daß ich sie „zeichnerisch"
nicht verunstalten möchte!

Sie sind anarchistische Aristokraten –
(A. Eggebrecht)

Miau, fauch, schnurr
Wilhelm Wieben

Wilhelm Wieben

Minki, ein schwarz-weißer Kater, war meine Lieblingskatze. Auf meinen Spaziergängen folgte er mir wie ein Hund. Er lebte in meinem Turnierstall und war ein Spielkamerad der Pferde. Zu seinen Gewohnheiten zählte es, auf dem Rücken der Vierbeiner ein Nickerchen zu halten. Auf der Stallgasse spielte er mit ihnen, wobei die Pferde und er sich gegenseitig ableckten. Minki war einfach ein Kumpel und hatte als Partner ein sehr einfühlsames Wesen.

23 Jahre lebte der Kater mit mir, eine lange und schöne Tierfreundschaft.

Hans Günter Winkler

1 Katzenallergie

Sönke Wortmann
2.9.01

Sönke Wortmann

CHAT AU VIN

ZUBEREITUNGSDAUER: CA 1 ½ STD.

1 PORTIONIERTE SPEISEKATZE
150 g DURCHWACHSENER RÄUCHERSPECK
15 KL. ZWIEBELN O. SCHALOTTEN
200 g KL. CHAMPIGNONS
100 g BUTTER
3 EL MEHL
1 FLASCHE RIESLING
6 cl COGNAC
BOUQUET MIT PETERSILIE, THYMIAN,
1 LORBEERBLATT
SALZ
SCHWARZER PFEFFER
1 PRISE FRISCH GERIEBENE MUSKATNUß

Helmut Zerlett

IN DER HÄLFTE DER BUTTER DIE GEWÜRFECTEN ZWIEBEL UND SPECKSTÜCKCHEN GLASIG ANBRATEN, AUS DEM TOPF NEHMEN UND AN DIE SEITE STELLEN.

KATZENTEILE BEI STARKER HITZE GUT VON ALLEN SEITEN ANBRATEN, MIT MEHL BESTÄUBEN, ZWIEBELN UND SPECK DAZU GEBEN. LASSEN SIE ALLES UNTER RÜHREN EINIGE MINUTEN SCHMOREN. GIEßEN SIE DEN RIESLING AN UND GEBEN SIE DEN COGNAC DAZU. DANN KOMMEN NOCH DIE KRÄUTER IN DEN BRÄTER, SALZEN UND PFEFFERN.

MIND. 45 min IM GESCHLOSSENEN TOPF GAREN.

PROBIEREN SIE, OB DAS FLEISCH GAR IST.

IN DER ZWISCHENZEIT DIE GESÄUBERTEN CHAMPIGNONS ETWA 5 min LANG GAR SCHMOREN.

KATZENTEILE AUS DEM BRÄTER NEHMEN UND WARM STELLEN.

KOCHEN SIE DIE SAUCE NOCH ETWAS EIN. NEHMEN SIE DAS KRÄUTERSTRÄUßCHEN HERAUS, SCHMECKEN SIE NOCHMALS AB UND GEBEN SIE DIE PILZE DAZU.

SERVIEREN SIE IHRE "CHAT AU VIN" AUF EINER SCHÖNEN PLATTE, ÜBERGIEßEN SIE DIE KATZE MIT DER SAUCE UND GARNIEREN SIE MIT EINIGEN FRISCHEN ÄSTCHEN THYMIAN. DAZU GENÜGT EIN GETOASTETES WEIßBROT ALS BEILAGE.

GUTEN APPETIT!

HELMUT ZERLETT

(AUS "CUISINE DU CHAT" VON DR. SCHELLFISCH UND FRANZ JOSEF ERVEN)

Daniela Ziegler

Ali Zülfikar

Die Zeichnungen und Texte stammen von:

Claudia Ackermann
Malerin, Zeichnerin, internationale Ausstellungen

Mario Adorf
Schauspieler und Schriftsteller, ehemaliger Preisboxer

Götz Alsmann
Moderator, Entertainer, Musiker, Sänger

Barbara Auer
Schauspielerin

Karin Baal
Schauspielerin

Liz Baffoe
Schauspielerin, u.a.
»Mary Sarikakis«, TV-Serie »Lindenstraße«

Tony Baffoe
Exfußballer und Moderator

Hugo Egon Balder
Moderator, arbeitete als Schlagzeuger, Komponist und Texter

Martin Baltscheit
Autor, Zeichner, Sänger, Sprecher

Richard Bargel
Bluessänger, Zeichner, Schriftsteller, gehört seit über 30 Jahren zur internationalen Bluesszene

Cecilia Bartoli
Mezzosopranistin, geb. in Rom, genannt »Barock-Callas«

Werner Bauer
Musical-Star

Chariklia Baxevanos
deutsch-griechische Schauspielerin

Bela B.
(bürgerlicher Name Dirk Felsenheimer), Drummer »Die Ärzte«

Franziska Becker
Cartoonistin (z.B. *Emma*), Chronistin »moderner Zeiten«

Meret Becker
Schauspielerin und Sängerin

Konrad Beikircher
Kabarettist, Musiker, Sänger

Jörg Berger
Fußballtrainer

Fred Bertelmann
Sänger »Der lachende Vagabund«

Hans Bierbrauer
Karikaturist, Maler, bekannt als Schnellzeichner »Dalli Dalli«, Künstlername OSKAR

Alfred Biolek, Prof. Dr. jur.
Talkmaster, UN-Botschafter

Roberto Blanco
Sänger, Entertainer

Jo Bolling
Schauspieler, u.a. »Andy Zenker« aus der TV-Serie »Lindenstraße«

Suzanne von Borsody
Schauspielerin

Bettina Böttinger
Moderatorin, Produzentin, Autorin

Volker Brandt
Schauspieler, Sprecher, Stimme z.B. von Michael Douglas

Norbert Burger, Dr.
ehemaliger Oberbürgermeister der Stadt Köln

Michael Carleton
Pianist

Sabine Christiansen
ARD-Moderatorin, UNICEF-Botschafterin

Hans Clarin
Schauspieler und Sprecher, Kinder lieben seinen »Pumuckl«

Kevin Costner
Schauspieler

Karl Dall
Entertainer, bezeichnet sich selbst als »letzten Gebrauchskomiker«, früher Insterburg & Co.

Alain Delon
Schauspieler

Karin Dor
Schauspielerin, u.a. mit Sean Connery in »007«

Doris Dörrie
Regisseurin, Autorin, Produzentin

Kai Ebel
Sportreporter

Karin Eickelbaum
Schauspielerin, bekannt aus »Tatort« als Ingrid Haferkamp, meine verstorbene Freundin

Ruth Elias
Autorin »Nur die Hoffnung hielt mich am Leben« (Erfahrungen aus Auschwitz und Theresienstadt)

Frank Elstner
Moderator, Produzent

Vladimir Erlebach
Maler, Prager Nationalgalerie, große deutsche Banken und die Bundesregierung kauften Bilder von ihm

Margot Eskens
Sängerin (»Schlager, die man nie vergißt«)

Jan Fedder
Schauspieler, Sänger u.a. Album »Fedder gehts nicht«

Verona Feldbusch
geb. in La Paz, Bolivien, Moderatorin, »Werbe-Ikone«

Birgit Fellermann
Kostümbildnerin TV, Theater, Film

Rosemarie Fendel
Schauspielerin, Drehbuchautorin, Regisseurin, Sprecherin u.a. Stimme von Liz Taylor, Jeanne Moreau ...

Heino Ferch
Schauspieler

Andrea Fischer
freie Publizistin, Beraterin für internationale Gesundheitspolitik

Gotthilf Fischer
Chorleiter

Kim Fischer
Schauspielerin

Ottfried Fischer
Schauspieler, Kabarettist

Pit Fischer
Bühnenbildner TV, Theater

Saskia Fischer
Schauspielerin, Tochter von Nicole Heesters und Pit Fischer, Enkelin von Johannes Heesters

Jürgen Fliege
TV-Moderator

Justus Frantz
Dirigent, Pianist, Leiter der »Philharmonie der Nationen«, Staatspreis Freistaat Bayern

Steffen Freund
Fußballer

Loni von Friedl
österreichische Schauspielerin

Hanns Friedrichs
Düsseldorfer Modezar

Annette Frier
Schauspielerin, Kabarettistin

Peter Fröhlich
Schauspieler, Moderator, Texter u.a. deutscher Text Neil Diamond »Hello again ...«

Peter Gatter
ARD-Korrespondent, PANORAMA-Chef

Peter Gaymann
Cartoonist

Oliver Geissen
Moderator

Hans W. Geißendörfer
Filmregisseur, Produzent u.a. TV-Serie »Lindenstraße«

Iska Geri
Schauspielerin, Kabarettistin, Sängerin, bekannt schon in den 30er Jahren, u.a. »Kabarett der Komiker«

Uschi Glas
Schauspielerin, Autorin

Rod Gonzáles
(bürgerlicher Name Rodrigo Gonzáles), Bassist »Die Ärzte«

Günter Grass
Schriftsteller, Nobelpreis für Literatur 1999

Gotthard Graubner
Maler, Prof. für Malerei in Düsseldorf, internationale Ausstellungen, mehrfacher Preisträger, besonders bekannt durch seine Kissenbilder

Alida Gundlach
Moderatorin z.B. »Mallorca Inselgeschichten«

Gregor Gysi
Politiker und Rechtsanwalt

Ludwig Haas
Schauspieler, u.a. »Dr. Dressler« in der TV-Serie »Lindenstraße«

Dieter Hallervorden
Kabarettist

Akram Abu Hamdan
Architekt, u.a. des Jordanien-Pavillon auf der Expo 2000 Hannover

Raimund Harmstorf
Schauspieler, besonders bekannt als »Seewolf«

Nicole Heesters
Schauspielerin, Sprecherin, u.a. Audio-CD »Der Koran« (Random House)

Elke Heidenreich
Schriftstellerin, Moderatorin, u.a. »Lesen«

Christiane Herzog
Lebenswerk und Vermächtnis Stiftung Mukoviszidose, Gattin des ehem. Bundespräsidenten Herzog

Margot Hielscher
Schauspielerin, Sängerin, vertrat 57/58 Deutschland beim Grand Prix d'Eurovision

Knut Hinz
Schauspieler, u.a. »Hajo Scholz« in der TV-Serie »Lindenstraße«

Hannelore Hoger
Schauspielerin

»Die Höhner«
Kölner Band

Andreas Hoppe
Schauspieler

Christiane Hörbiger
Schauspielerin

Guildo Horn
Musiker und Sänger

Dieter Höss
Maler, Grafiker, Autor, Kolumnist im »Kölner Stadtanzeiger«

Maybritt Illner
Moderatorin, z.B. »Berlin Mitte«, Autorin, Botschafterin »Deutsches Rotes Kreuz«

Anaid Iplicjian
Schauspielerin, Filme: »Tonio Kröger«, »Der große Bellheim« u.v.a.

Katerina Jacob
Schauspielerin (Tochter von Ellen Schwiers und dem Regisseur Peter Jacob)

Hannes Jaenicke
Schauspieler, Sprecher, u.a. des Audio-Buches von M. Crichton: Die Beute

Janosch
Cartoonist und Autor

Günther Jauch
Moderator

Gottfried John
Schauspieler

Stefan Jürgens
Comedian, bekannt durch Soloprogramm »Comedyblues«

Gerhard Jussenhoven, Dr.
Komponist: »Man müßte nochmal 20 sein«, »Kornblumenblau« u.v.a.

Walter Kafitz, Dr.
Geschäftsführer Nürburgring GmbH, Träger der silbernen Nadel des Nürburgrings

Oliver Kalkofe
Schauspieler, Kolumnist

Hellmuth Karasek
Literaturkritiker, Autor

Christine Kaufmann
Schauspielerin, Autorin

Gilbert W. Kendrick
Freund von James Rizzi

Alice und Ellen Kessler
Internationale Showstars

Udo Kier
Regisseur, Schauspieler,
Filme: Andy Warhol, R.W. Fassbinder

Ulla Kock am Brink
Moderatorin

Harald Krassnitzer
Schauspieler, u.a. »Tatort«-Kommissar

Volker Kühn
Regisseur, Autor, z.B. Bühnenfassung »Marlene«

Mambo Kurt
Musiker, Alleinunterhalter, gennant der »Orgelgott«

Gudrun Landgrebe
Schauspielerin

Volker Lechtenbrink
Schauspieler, Sänger

Michael Lesch
Schauspieler, Arbeit für »Die deutsche Lebensbrücke«, Stiftung für leukämiekranke Kinder in St. Petersburg

Patrick Lindner
Sänger

Peter Lohmeyer
Schauspieler

Joachim Hermann Luger
Schauspieler, u.a. »Hans Beimer« in »Lindenstraße«

Heike Makatsch
Schauspielerin

Günther Margielsky
Maler, Bühnenbildner

Marie-Luise Marjan
Schauspielerin, u.a. »Helga Beimer« in »Lindenstraße«

Gisela Marx
Jounalistin, Publizistin, Gründerin von »Filmpool«

Hans Meiser
Moderator

Andrea George Mgeregere
mein tansanisches Patenkind

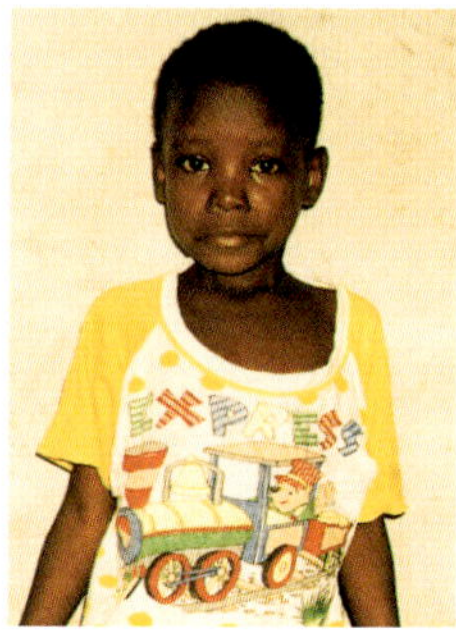

Michael Mittermeier
Comedy-Künstler, Kabarettist

Bill und Margie Mockridge
Schauspieler, u.a. »Erich Schiller« in der TV-Serie »Lindenstraße«

Hector Montalvo
CATS-Fan New York, sah das Musical 703 mal

Roger Moore
Schauspieler,
UNICEF-Botschafter

Ralph Morgenstern
Schauspieler, Moderator

Armin Mueller-Stahl
Schauspieler und Maler

Richy Müller
Schauspieler

Ingo Naujoks
Schauspieler

Cem Özdemir
Politiker der »Grünen«

Bernhard Paul
Zirkusdirektor

Paula und Lilli
La Palma Kinder

Peter Peltz
englischer Maler und Illustrator,
u.a. »fairy tales« von William Blake
(Von ihm stammt die erste Katze, die für das Buch gezeichnet wurde.)

Nina Petri
Schauspielerin

Kai Pflaume
TV-Moderator

Ulli Philipp
Schauspielerin

Ludger Pistor
Schauspieler

Walter Plathe
Schauspieler

Fritz Pleitgen
Journalist, WDR-Intendant,
Vorsitzender der ARD, Moderator
u.a. »Presseclub«

Ulrich Pleitgen
Schauspieler

Orna Porat
israelische Schauspielerin, Grande Dame des Nationaltheaters Israel, der »Habima« (hebräisch: Bühne)

Wolf-Dieter Poschmann
Sportmoderator, Journalist

Sabine Postel
Schauspielerin, u.a. »Tatort«-Kommissarin

Markus Maria Profitlich
Comedian, Kabarettist

Jean Pütz
Moderator »Hobbythek«, Wissenschaftsjournalist und Autor

MAF Räderscheidt
Malerin, Grafikerin, Performance-Künstlerin, entstammt einer bekannten Künstlerfamilie

Dunja Rajter
Sängerin, geboren in Kroatien

Annette Ramm-Stößinger
Malerin, Kinderbuchillustratorin

Lord Rea of Eskdale
Mitglied des Britischen Oberhauses

Christian Reimann
besitzt die größte Katzensammlung der Welt

James Reynolds
Musiker, Komponist, Arrangeur, Maler, studierte Kunst und Musik in New York

Ilja Richter
Schauspieler, Sänger, Entertainer

Rotraut Richter
Bildhauerin, internationale Ausstellungen und Preise, u.a. Skulptur im Lichthof der Flugsicherung Flughafen München II

Martin Rickelt
Schauspieler, u.a. »Onkel Franz« in der TV-Serie »Lindenstraße«

James Rizzi
Maler, New York

Charlotte Roche
VIVA-Moderatorin, geboren in London

Nina Ruge
Fernsehjournalistin, seit 1997 Moderatorin »Leute Heute«

Sascha
Sänger

Rolf Olaf Schabbach
Maler, internationale Ausstellungen

Heinrich Schafmeister
Schauspieler

Franziska Schenk
Moderatorin, Eisschnellläuferin (zwei Weltmeistertitel)

Helge Schneider
Jazzmusiker, Regisseur, Schauspieler, Autor (»Die singende Herrentorte«) und und und …

Axel Schulz
Boxer

Til Schweiger
Schauspieler

Ellen Schwiers
Schauspielerin, Regisseurin

Silvia Seidel
Schauspielerin

Hella von Sinnen und Cornelia Scheel
Moderatorin, Entertainerin, Kabarettistin, bekanntestes Lesbenpaar Deutschlands

Andrea Spatzek
Schauspielerin, u.a. »Gabi Zenker« in der TV-Serie »Lindenstraße«

Jutta Speidel
Schauspielerin, Gründerin von »Horizont e.V.«, Organisation für obdachlose Mütter mit Kindern

Paul Spiegel
Präsident des Zentralrates der Juden in Deutschland

Wolfgang Spier
Schauspieler, Regisseur, TV-Moderator

Klaus Staeck
Grafiker und Rechtsanwalt

Ingrid Steeger
Schauspielerin

Michael Steinbrecher
Sportreporter, war aktiver Fußballer in Dortmund und Mönchengladbach

Jasmin Tabatabai
Schauspielerin, Musikerin, geb. in Teheran

Katharina Thalbach
Schauspielerin, Regisseurin, Intendantin

Willy Thomczyk
Schauspieler

Farin Urlaub
(bürgerlicher Name Jan Ulrich Max Vetter-Marciniak), Gitarrist »Die Ärzte«

Sir Peter Ustinov
Schauspieler, Autor, »Weltbürger«, Gründer der Peter Ustinov-Stiftung, Oscar-Preisträger, UNICEF-Botschafter

Ulrike Volkerts
Schauspielerin, u.a. »Tatort«-Kommissarin

Wolfgang Völz
Schauspieler, Sprecher, Stimme u.a. von Mel Brooks, Walter Matthau, Michel Piccoli und »Käpt'n Blaubär«

Otto Waalkes
Komiker, Sänger, Zeichner, u.a. »Ottifanten«

Ursula Wandel
Malerin, internationale Ausstellungen und Projekte z.B. »Cologne meets New York« 1983, Goldmedaille für Kunst und Kultur (Bonn)

Eleonore Weisgerber
Schauspielerin

Annemarie Wendl
Schauspielerin, u.a. »Else Kling« in der TV-Serie »Lindenstraße«

Ilse Werner
Schauspielerin, Sängerin, bekannt durch ihre »Pfeifkunst«

Christine Westermann
Moderatorin, Journalistin, Autorin

Ulrich Wickert
Moderator »Tagesthemen«, Autor

Wilhelm Wieben
Moderator, ehemaliger Tagesschausprecher

Hans-Günter Winkler
erfolgreichster Springreiter der Welt, Gewinner von fünf Goldmedaillen, bekannt auch Pferd »Halla«

Sönke Wortmann
Filmemacher und Regisseur

Helmut Zerlett
Musiker, Bandleader, u.a. »Harald Schmidt-Show«

Daniela Ziegler
Schauspielerin, Sängerin

Ali Zülfikar
türkischer Maler »... seine Bilder erinnern in ihren Farben an das alte Mesopotamien ...«

Diese Liste bzw. die Erläuterungen zu den Mitwirkenden erhebt nicht den Anspruch auf Vollständigkeit, sondern soll nur eine Vorstellung des »Who is who« geben.